BEI GRIN MACHT SICH IHR WISSEN BEZAHLT

AF141668

- Wir veröffentlichen Ihre Hausarbeit, Bachelor- und Masterarbeit

- Ihr eigenes eBook und Buch - weltweit in allen wichtigen Shops

- Verdienen Sie an jedem Verkauf

Jetzt bei www.GRIN.com hochladen und kostenlos publizieren

Lina Legelli

Produktionsplanung Praktikum: Bau und Vertrieb eines BobbyCar

GRIN Verlag

Bibliografische Information der Deutschen Nationalbibliothek:

Die Deutsche Bibliothek verzeichnet diese Publikation in der Deutschen National-
bibliografie; detaillierte bibliografische Daten sind im Internet über http://dnb.d-
nb.de/ abrufbar.

Impressum:

Copyright © 2015 GRIN Verlag GmbH
Druck und Bindung: Books on Demand GmbH, Norderstedt Germany
ISBN: 978-3-656-88179-7

Dieses Buch bei GRIN:

http://www.grin.com/de/e-book/287898/produktionsplanung-praktikum-bau-und-
vertrieb-eines-bobbycar

GRIN - Your knowledge has value

Der GRIN Verlag publiziert seit 1998 wissenschaftliche Arbeiten von Studenten, Hochschullehrern und anderen Akademikern als eBook und gedrucktes Buch. Die Verlagswebsite www.grin.com ist die ideale Plattform zur Veröffentlichung von Hausarbeiten, Abschlussarbeiten, wissenschaftlichen Aufsätzen, Dissertationen und Fachbüchern.

Produktionsplanung Praktikum: Bau und Vertrieb eines BobbyCar

Projektarbeit
vorgelegt von Lina Legelli

Hochschule München
Fach: Wirtschaftsingenieurwesen

Inhalt

Einführung

Die vorliegende Arbeit wurde im Rahmen der Vorlesung „Produktionsplanung Praktikum" erarbeitet. Das Ziel dieser Vorlesung war das Erlernen der ERP (Enterprise Ressource Planning)- sowie der MES (Manufacturing- Execution- System) - Software der FAUSERAG „Job Dispo". Diese beiden Softwarelösungen wurden anhand eines Projekts erlernt, welches zum Inhalt hatte, ein BobbyCar zu bauen und zu vertreiben. Im Folgenden wir nun zuerst das Programm näher erklärt und danach der Ablauf des Projektes.

Das Ergebnis war ein im Programm fertiggestelltes Projekt. Es wurde ein Kunden- und Lieferantenstamm im ERP System eingepflegt, sowie die benötigten Materialien.

Alle Daten wurden eingelesen und dadurch auch verwertet und am Ende wurden Ausgaben erstellt.

Um diese Daten zu bekommen und ein Gefühl für diese Aufgabe zu bekommen, wurde ein Termin vereinbart, an dem das Bobby Car wirklich zusammengebaut worden ist. Hierbei wurden die Zeiten genommen, wie lange die jeweiligen Baugruppen zum Zusammenbauen brauchen. Dabei haben vier Studenten ein Team gebildet, welche jeweils unter realistischen Bedingungen eine Baugruppe zusammen montiert haben und die anderen Teammitglieder haben so die Zeiten aufgenommen

Um diese Ausarbeitung verständlicher zu machen, wird das Projekt mit Hilfe einer fiktiven Firma, die im Folgenden noch näher beschrieben wird, veranschaulicht.

Software

Wie schon erwähnt, wurde das Praktikum mit Hilfe der Software der FAUSER AG erarbeitet.

„JOBDISPO ist eine speziell für Produktionsbetriebe entwickelte modulare Softwarelösung welche sich sehr stark an den Bedürfnissen der Praxis orientiert. Ideal für den Mittelstand ausgerichtet bietet die FAUSER AG weltweit ERP, MES und EAI Software, welche einfach bedienbar und für fertigende Industrieunternehmen schnell einzuführen ist.

Das JOBDISPO ERP System ist ein einfach bedienbares Softwarewerkzeug, zur durchgängigen Auftragsabwicklung. Werkzeug- und Maschinenbauer, Komponentenfertiger und Zulieferer erzielen damit einen reibungsfreien Auftragsdurchlauf, hohe Termintreue und exakt die kalkulierten Deckungsbeiträge." [1]

---

[1] http://www.fauser.ag/de/

Vorstellung der Firma

Die fiktive Firma, welche die Bobby Cars herstellt, wird in diesem Abschnitt vorgestellt. Der Name ist Berger und ist ein mittelständiges Unternehmen, welche sich auf das Spritzgießen von Teilen spezialisiert hat. Firma Berger besitzt zwei eigene Spritzgussmaschinen und möchte ihre Produktpalette erweitern. Derzeit fertigt sie andere Spielzeuge unter anderem auch Lego, welches sich nicht mehr so gut verkauft, da die Kinder sich nicht mehr so gerne mit so etwas beschäftigen. Nachdem Firma Berger einen große Umfrage gestartet hat, ist heraus gekommen, dass die Kinder heutzutage etwas größeres und am besten auch mit Sound brauchen. Ein weiterer Aspekt ist, dass die Eltern sehr früh anfangen ihre Kinder auf Bewegung zu drillen. Als Ergebnis ist heraus gekommen, dass auf dem derzeitigen Markt Bobby Cars mit einem Soundschloss sehr gut ankommen. Nachdem es auf Bobby Cars ein Patent der Firma BIG gibt, mussten dort noch einige Formalitäten geklärt werden bevor die Eigenproduktion starten konnte.

Projektablauf

Das Bobby Car, welches hier gebaut wird, besteht aus 24 Teilen. Davon werden einige in der eigenen Produktion hergestellt. Einige der Teile werden direkt vormontiert fremdbezogen und wieder andere werden in Einzelteilen geliefert. Zu Beginn des Projektes werden im Lager einige neue Artikel angelegt, welche im späteren Verlauf noch gebraucht werden.

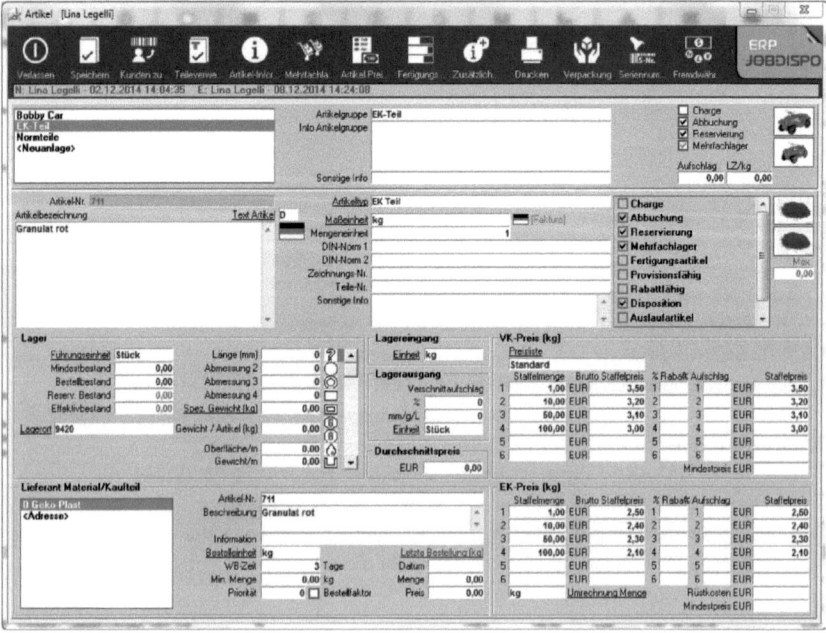

Artikelerstellung 1

Hier ist das Beispiel einer Artikelneuanlage:

Der angelegte Artikel ist rotes Granulat, welches die Artikelnummer 711 hat und am Lagerort 9420 liegt. Sehr wichtig ist die Unterscheidung der Artikel, weshalb jeder einen „echten" Namen hat, aber auch eine Artikelnummer. Um eine bessere Übersicht zu haben, wenn mehrere Produkte hergestellt werden, sind überall auch Bilder eingefügt, wie in diesem Beispiel einmal das Bobby Car, damit sofort erkannt werden kann, dass es zu diesem Produkt zugeordnet werden muss und darunter ein Bild des Artikels selber, also das rote Granulat. In diesem Fall ist Geko- Plast der Lieferant, welcher auch vorher eingepflegt wurde. Ein außerdem sehr wichtiger Punkt in der Anlage der Artikel ist die Maßeinheit, welche bei Granulat natürlich kg sein muss.

Um einfacher Rechnungen zu schreiben und gleich die richtige Staffelung angeben zu können, werden die Preise dazu angegeben. Nachdem Firma Berger relativ klein ist, werden nicht mehr als 400 Bobby Cars auf einmal an einen Kunden verkauft. Also werden Staffelpreise nicht weitergeführt.

Mehrfachlagerung ist, ungleich zu den meisten anderen angelegten Artikeln, angekreuzt, weil das Granulat in großen Mengen eingekauft und eingelagert wird. Aber auch gleichzeitig in großen Mengen zu den Maschinen gebracht werden muss. Außerdem ist die Reservierung angekreuzt, damit Mengen dieses Artikels vorbestellt werden können.

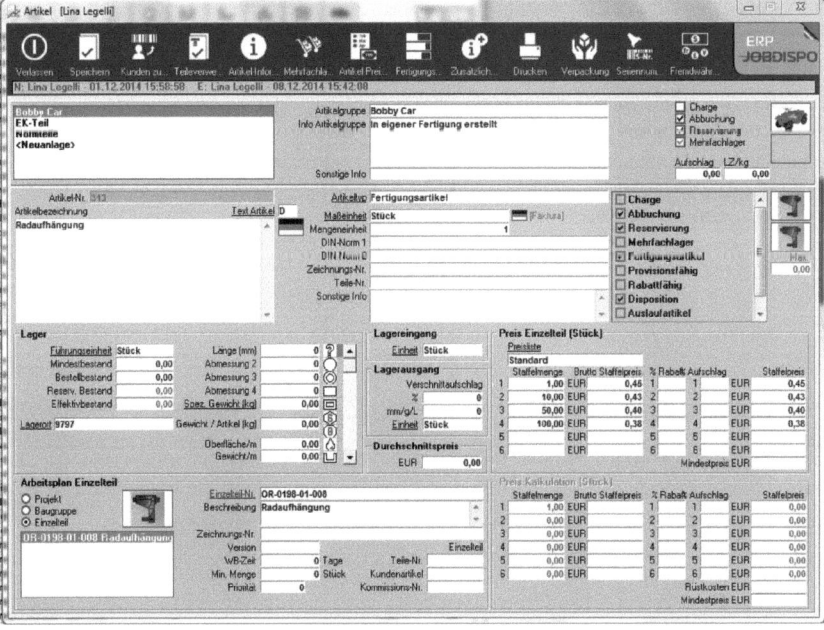

Artikelerstellung 2

Nachdem die Firma Berger selber herstellt, müssen noch besondere Artikel angelegt werden. Nämlich diejenigen, die spritzgegossen werden, und deswegen natürlich einen anderen Aufbau haben. Der erste Unterschied besteht darin, dass anstatt eines Lieferanten das

Fertigungsprogramm hinterlegt ist. Daraus entstehen im späteren Verlauf auch die Kosten für diese Teile, nachdem die Materialien und die Produktion auch schon etwas gekostet hat, bevor es erst in die Montage kommt.

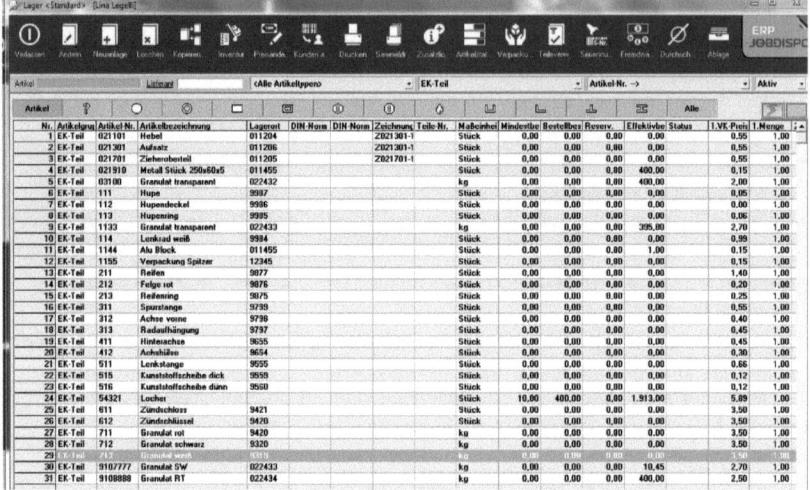

Nr.	Artikelgru	Artikel-Nr.	Artikelbezeichnung	Lagerort	DIN-Norm	DIN-Norm	Zeichnung	Teile-Nr.	Maßeinhei	Mindestbe	Bestellbes	Reserv.	Effektivbe	Status	1.VK-Preis	1.Menge
1	EK-Teil	021101	Hebel	011204			ZB21301-1		Stück	0,00	0,00	0,00	0,00		0,55	1,00
2	EK-Teil	021301	Aufsatz	011206			ZB21301-1		Stück	0,00	0,00	0,00	0,00		0,55	1,00
3	EK-Teil	021701	Zieherobusteil	011205			ZB21701-1		Stück	0,00	0,00	0,00	0,00		0,55	1,00
4	EK-Teil	021910	Metall Stück 250x60x5	011455					Stück	0,00	0,00	0,00	400,00		0,15	1,00
5	EK-Teil	03100	Granulat transparent	022432					kg	0,00	0,00	0,00	400,00		2,00	1,00
6	EK-Teil	111	Hupe	9997					Stück	0,00	0,00	0,00	0,00		0,05	1,00
7	EK-Teil	112	Hupendeckel	9996					Stück	0,00	0,00	0,00	0,00		0,00	1,00
8	EK-Teil	113	Hupenring	9995					Stück	0,00	0,00	0,00	0,00		0,06	1,00
9	EK-Teil	1133	Granulat transparent	022433					kg	0,00	0,00	0,00	395,00		2,70	1,00
10	EK-Teil	114	Lenkrad weiß	9994					Stück	0,00	0,00	0,00	0,00		0,99	1,00
11	EK-Teil	1144	Alu Block	011455					Stück	0,00	0,00	0,00	1,00		0,15	1,00
12	EK-Teil	1155	Verpackung Spitzer	12345					Stück	0,00	0,00	0,00	0,00		0,15	1,00
13	EK-Teil	211	Reifen	9877					Stück	0,00	0,00	0,00	0,00		1,40	1,00
14	EK-Teil	212	Felge rot	9876					Stück	0,00	0,00	0,00	0,00		0,20	1,00
15	EK-Teil	213	Reifenring	9875					Stück	0,00	0,00	0,00	0,00		0,25	1,00
16	EK-Teil	311	Spurstange	9799					Stück	0,00	0,00	0,00	0,00		0,55	1,00
17	EK-Teil	312	Achse vorne	9798					Stück	0,00	0,00	0,00	0,00		0,40	1,00
18	EK-Teil	313	Radaufhängung	9797					Stück	0,00	0,00	0,00	0,00		0,45	1,00
19	EK-Teil	411	Hinterachse	9655					Stück	0,00	0,00	0,00	0,00		0,45	1,00
20	EK-Teil	412	Achshülse	9654					Stück	0,00	0,00	0,00	0,00		0,30	1,00
21	EK-Teil	511	Lenkstange	9555					Stück	0,00	0,00	0,00	0,00		0,66	1,00
22	EK-Teil	515	Kunststoffscheibe dick	9559					Stück	0,00	0,00	0,00	0,00		0,12	1,00
23	EK-Teil	516	Kunststoffscheibe dünn	9560					Stück	0,00	0,00	0,00	0,00		0,12	1,00
24	EK-Teil	54321	Locher						Stück	10,00	400,00	0,00	1.913,00		5,89	1,00
25	EK-Teil	611	Zündschloss	9421					Stück	0,00	0,00	0,00	0,00		3,50	1,00
26	EK-Teil	612	Zündschlüssel	9420					Stück	0,00	0,00	0,00	0,00		3,50	1,00
27	EK-Teil	711	Granulat rot	9420					kg	0,00	0,00	0,00	0,00		3,50	1,00
28	EK-Teil	712	Granulat schwarz	9320					kg	0,00	0,00	0,00	0,00		3,50	1,00
29	EK-Teil	712	Granulat weiß												3,50	1,00
30	EK-Teil	9107777	Granulat SW	022433					kg	0,00	0,00	0,00	10,45		2,70	1,00
31	EK-Teil	9108888	Granulat RT	022434					kg	0,00	0,00	0,00	400,00		2,50	1,00

Komplettes Lager

In diesem Screenshot sieht man das Lager der Firma Berger. Es sind alle Teile bzw. Rohmaterialien eingetragen, die zu der Fertigung von dem neuen Produkt, dem Bobby Car, gebraucht werden. Die Artikel sind mit einer Logik angelegt, welche sich darauf bezieht. Die Teilenummern sind nach den Baugruppen sortiert. Alle Teile, die logisch zusammengehören, haben die gleiche erste Zahl.

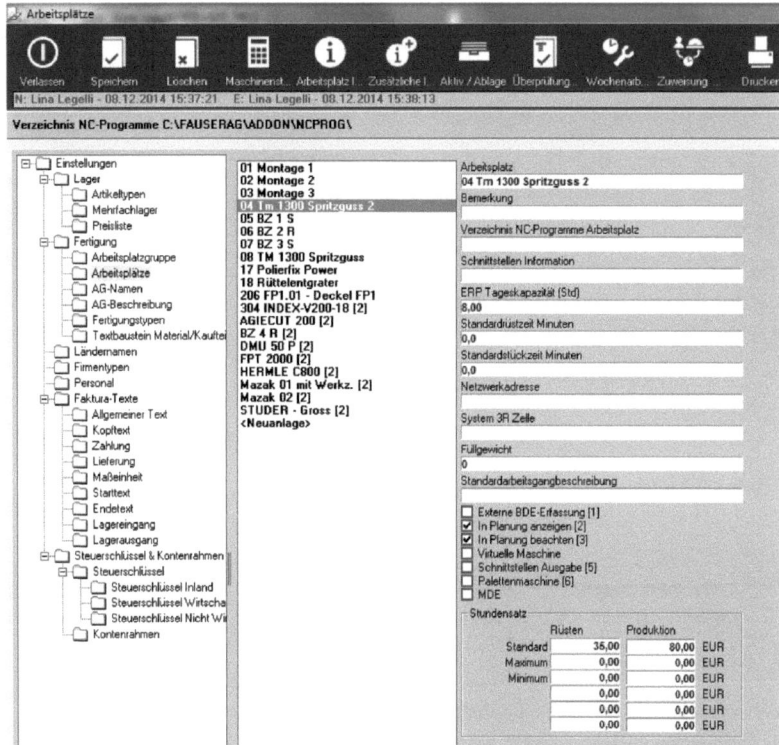

Arbeitsplatzneuanlage

Nachdem die Firma Berger sich mit dem neuen Produkt vergrößern will, hat sie eine neue Spritzgussmaschine gekauft, welche auch in die eigene Produktionshalle eingebaut wird. Diese Maschine wird der Firma sehr lange erhalten bleiben, weshalb die Anschaffungskosten nicht mit in die Kalkulation des Produktes einberechnet werden. Das wichtige hierbei ist, dass die Zeit angegeben wird, wie lange die Maschine pro Tag benutzt wird und dementsprechend auch die Kosten für die Rüstzeit und die Produktion. Jetzt besitzt Firma Berger zwei Spritzgussmaschinen und drei Montage Plätze.

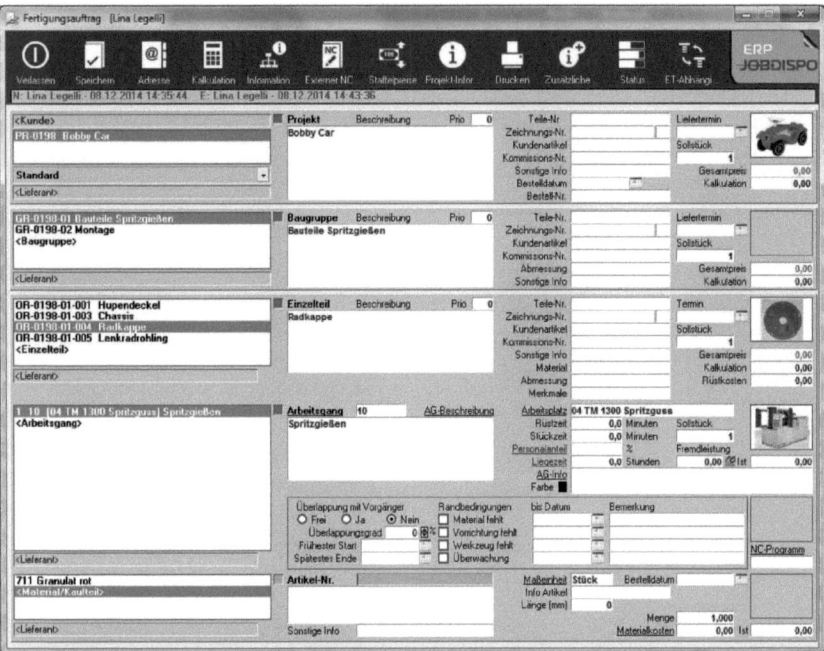

Fertigungsauftrag

In diesem Screenshot ist der fertige Fertigungsauftrag zu sehen. Es geht um das bereits erwähnte Produkt Bobby Car, welches in zwei Baugruppen unterteilt ist: Spritzgegossen werden zum Beispiel der Hupendeckel, die Radkappen und das Lenkrad. Nachdem aus drei verschiedenfarbigen Granulaten (rot, schwarz und weiß) gegossen wird ist die Aufteilung an den Maschinen folgendermaßen. Die eine Maschine ist nur für rote Teile da und mit der anderen werden die schwarzen und weißen Teile gefertigt. Die zweite Baugruppe ist die Montage, in welcher die zugekauften und selberproduzierten Teile zusammengefügt werden. Es wurde zu dem Projekt, den beiden Baugruppen und den Arbeitsgängen jeweils das passende Bild hinzugefügt. Auf dem Screenshot ist außerdem zu sehen, dass das Projekt noch nicht fertig ist, weil die Kästchen neben den Beschreibungen alle rot sind.

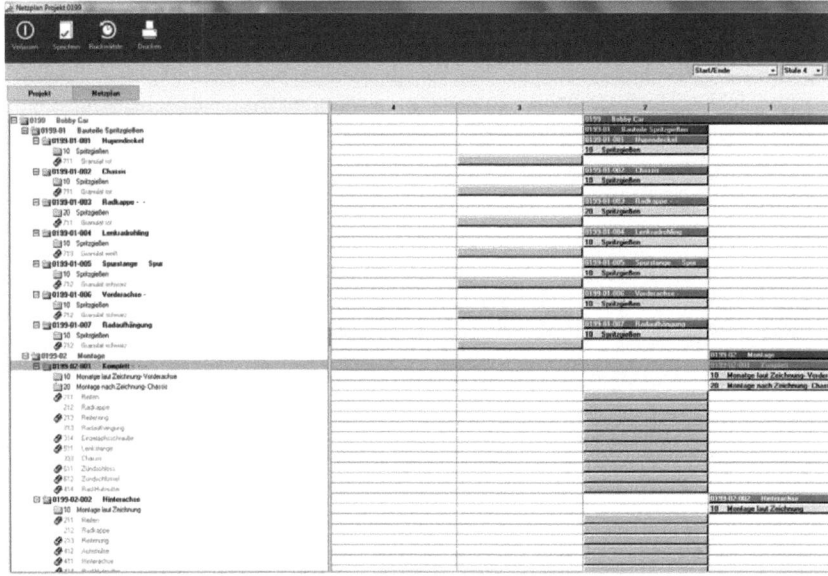

Netzplan

Über den Button „Information" kommt man unter anderem zu diesem Netzplan. Hier werden
die jeweiligen Verfahren in die richtige Reihenfolge gebracht. Firma Berger muss natürlich zu
erst spritzgießen, bevor sie diese Teile dann montieren kann. Hier ist zu sehen, wie die
Anordnung ist. Zuerst wird alles spritzgegossen, bevor es dann weiter zu der Montage kommt.

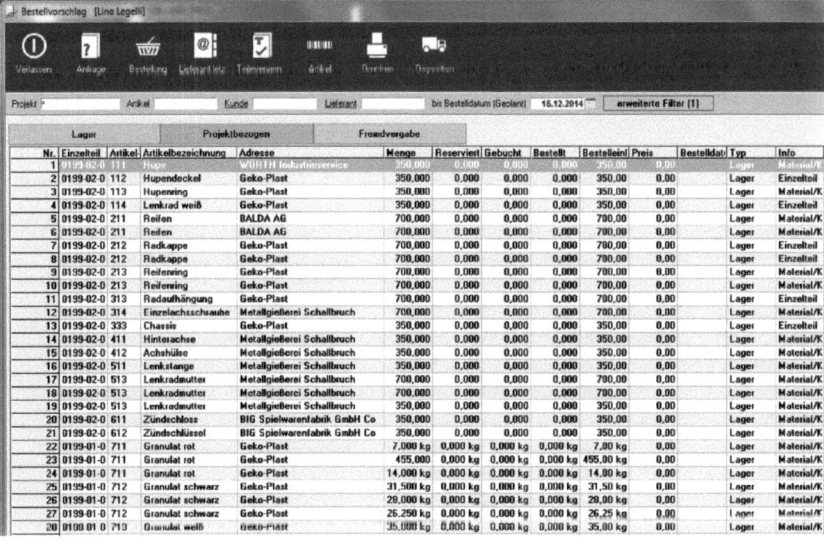

Nr.	Einzelteil	Artikel	Artikelbezeichnung	Adresse	Menge	Reserviert	Gebucht	Bestellt	Bestelleint	Preis	Bestelldat	Typ	Info
1	0199-02-0	111	Hupe	WÜRTH Industrieservice	350,000	0,000	0,000	0,000	350,00	0,00		Lager	Material/K
2	0199-02-0	112	Hupendeckel	Geko-Plast	350,000	0,000	0,000	0,000	350,00	0,00		Lager	Einzelteil
3	0199-02-0	113	Hupenring	Geko-Plast	350,000	0,000	0,000	0,000	350,00	0,00		Lager	Material/K
4	0199-02-0	114	Lenkrad weiß	Geko-Plast	350,000	0,000	0,000	0,000	350,00	0,00		Lager	Einzelteil
5	0199-02-0	211	Reifen	BALDA AG	700,000	0,000	0,000	0,000	700,00	0,00		Lager	Material/K
6	0199-02-0	211	Reifen	BALDA AG	700,000	0,000	0,000	0,000	700,00	0,00		Lager	Material/K
7	0199-02-0	212	Radkappe	Geko-Plast	700,000	0,000	0,000	0,000	700,00	0,00		Lager	Einzelteil
8	0199-02-0	212	Radkappe	Geko-Plast	700,000	0,000	0,000	0,000	700,00	0,00		Lager	Einzelteil
9	0199-02-0	213	Reifenring	Geko-Plast	700,000	0,000	0,000	0,000	700,00	0,00		Lager	Material/K
10	0199-02-0	213	Reifenring	Geko-Plast	700,000	0,000	0,000	0,000	700,00	0,00		Lager	Material/K
11	0199-02-0	313	Radaufhängung	Geko-Plast	700,000	0,000	0,000	0,000	700,00	0,00		Lager	Einzelteil
12	0199-02-0	314	Einzelachsschraube	Metallgießerei Schallbruch	700,000	0,000	0,000	0,000	700,00	0,00		Lager	Material/K
13	0199-02-0	333	Chassis	Geko-Plast	350,000	0,000	0,000	0,000	350,00	0,00		Lager	Einzelteil
14	0199-02-0	411	Hinterachse	Metallgießerei Schallbruch	350,000	0,000	0,000	0,000	350,00	0,00		Lager	Material/K
15	0199-02-0	412	Achshülse	Metallgießerei Schallbruch	350,000	0,000	0,000	0,000	350,00	0,00		Lager	Material/K
16	0199-02-0	511	Lenkstange	Metallgießerei Schallbruch	350,000	0,000	0,000	0,000	350,00	0,00		Lager	Material/K
17	0199-02-0	513	Lenkradmutter	Metallgießerei Schallbruch	700,000	0,000	0,000	0,000	700,00	0,00		Lager	Material/K
18	0199-02-0	513	Lenkradmutter	Metallgießerei Schallbruch	700,000	0,000	0,000	0,000	700,00	0,00		Lager	Material/K
19	0199-02-0	513	Lenkradmutter	Metallgießerei Schallbruch	350,000	0,000	0,000	0,000	350,00	0,00		Lager	Material/K
20	0199-02-0	611	Zündschloss	BIG Spielwarenfabrik GmbH Co	350,000	0,000	0,000	0,000	350,00	0,00		Lager	Material/K
21	0199-02-0	612	Zündschlüssel	BIG Spielwarenfabrik GmbH Co	350,000	0,000	0,000	0,000	350,00	0,00		Lager	Material/K
22	0199-01-0	711	Granulat rot	Geko-Plast	7,000 kg	0,000 kg	0,000 kg	0,000 kg	7,00	0,00		Lager	Material/K
23	0199-01-0	711	Granulat rot	Geko-Plast	455,000	0,000 kg	0,000 kg	0,000 kg	455,00	0,00		Lager	Material/K
24	0199-01-0	711	Granulat rot	Geko-Plast	14,000 kg	0,000 kg	0,000 kg	0,000 kg	14,00	0,00		Lager	Material/K
25	0199-01-0	712	Granulat schwarz	Geko-Plast	31,500 kg	0,000 kg	0,000 kg	0,000 kg	31,50	0,00		Lager	Material/K
26	0199-01-0	712	Granulat schwarz	Geko-Plast	28,000 kg	0,000 kg	0,000 kg	0,000 kg	28,00	0,00		Lager	Material/K
27	0199-01-0	712	Granulat schwarz	Geko-Plast	26,250 kg	0,000 kg	0,000 kg	0,000 kg	26,25	0,00		Lager	Material/K
28	0199-01-0	713	Granulat weiß	Geko-Plast	35,000 kg	0,000 kg	0,000 kg	0,000 kg	35,00	0,00		Lager	Material/K

Bestellvorschlag

Nun wird das Projekt in ein Passives Projekt umgewandelt, was bedeutet, dass es wirklich beginnen kann. Um anzufangen, werden die Materialen gebraucht, welche über den Bestellvorschlag, der hier zu sehen ist, dann bestellt werden können. Hierzu klickt man auf dem Homebildschirm auf den Reiter „Bestellung" und dann auf den projektbezogenen Bestellauftrag. In dem Projekt wurde eine Anzahl von 350 Teilen ausgewählt, wozu hier dann die angegeben Mengen zusammengerechnet werden und, wie im folgenden Screenshot zu sehen ist, bestellt werden.

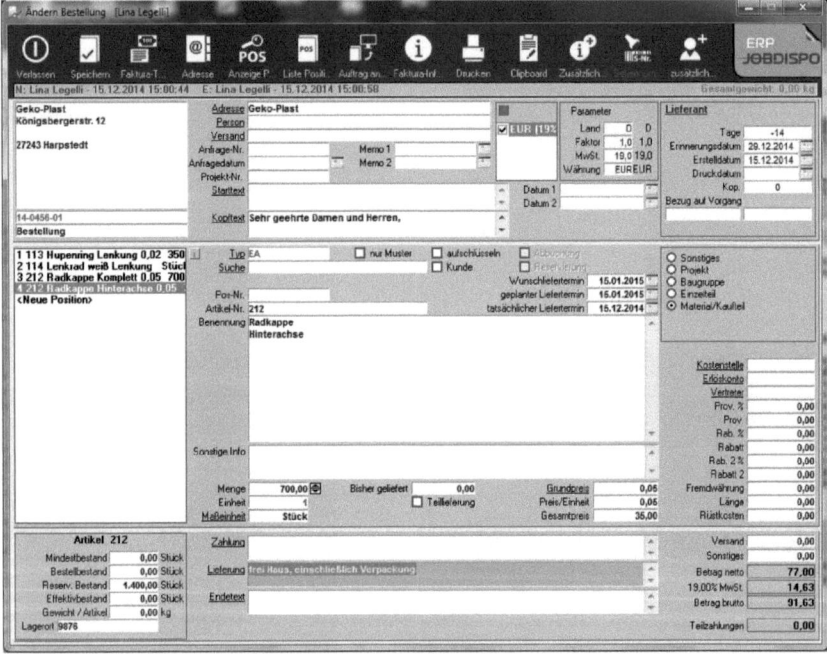

Bestellung

Die Bestellung erfolgt durch die Bestätigung der einzelnen Positionen. Werden alle zu bestellenden Positionen angewählt und gleichzeitig bestätigt, fasst das ERP – System Positionen mit demselben Lieferanten in einer Bestellung zusammen.

Wurde die Bestellung erfolgreich bestätigt, erscheint die soeben generierte Bestellung in einem neuen Fenster.

Sind alle Eingaben vom bearbeitenden Einkäufer geprüft worden, wird die Bestellung durch „Speichern" ausgelöst.

Die Fremdvergabe der ausgegliederten Arbeitsschritte muss ebenfalls mit Hilfe der Bestellvorschläge bestellt werden.

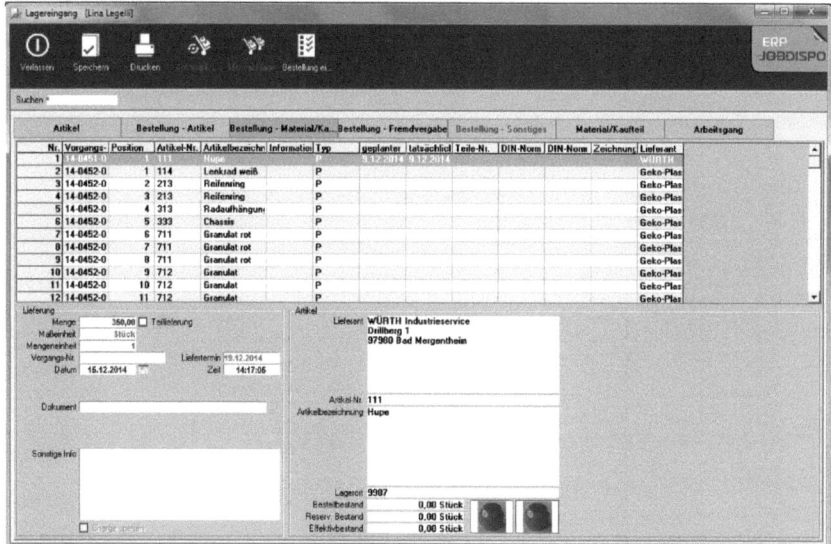

Lagereingang

Die Teile sind bestellt und werden im Lagereingang gebucht. Dazu klickt man auf die Schaltoberfläche „Lagereingang" auf dem Homebildschirm. Dann werden die bestellten Materialien eingebucht. Da es sich bei den angelieferten Waren um Material und Kaufteile handelt, wird die Spalte „Bestellung – Material / Kaufteil" aktiviert.

Über die „Suche" kann der einzulagernde Gegenstand über die Vorgangs-Nr. oder Artikel-Nr. aufgerufen werden. Falls beide Nummern gerade nicht zur Hand sind, kann die Suche auch mit einem „ * " erfolgen.

Durch Bestätigung des Buttons „Speichern" wird der Lagereingang im System gebucht. Fremdvergaben werden anschließend mit dem gleichen Verfahren über „Bestellung – „Fremdvergabe" eingelagert.

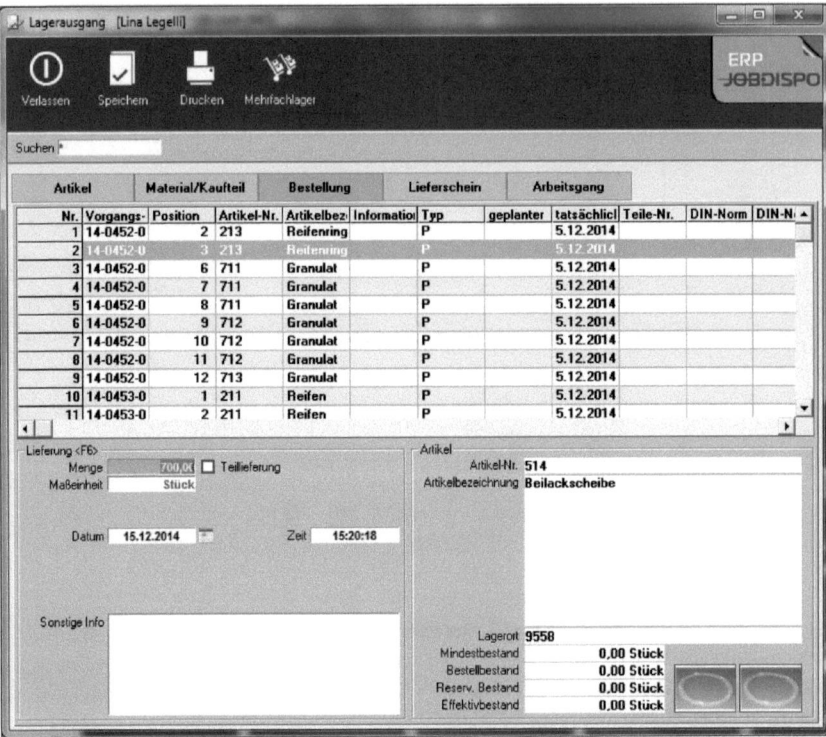

Nr.	Vorgangs-	Position	Artikel-Nr.	Artikelbez	Information	Typ	geplanter	tatsächlicl	Teile-Nr.	DIN-Norm	DIN-N ▲
1	14-0452-0	2	213	Reifenring		P		5.12.2014			
2	14-0452-0	3	213	Reifenring		P		5.12.2014			
3	14-0452-0	6	711	Granulat		P		5.12.2014			
4	14-0452-0	7	711	Granulat		P		5.12.2014			
5	14-0452-0	8	711	Granulat		P		5.12.2014			
6	14-0452-0	9	712	Granulat		P		5.12.2014			
7	14-0452-0	10	712	Granulat		P		5.12.2014			
8	14-0452-0	11	712	Granulat		P		5.12.2014			
9	14-0452-0	12	713	Granulat		P		5.12.2014			
10	14-0453-0	1	211	Reifen		P		5.12.2014			
11	14-0453-0	2	211	Reifen		P		5.12.2014			

Lagerausgang

Firma Berger hat die Produktion informiert, dass die Teile nun im Lager sind und verwendet werden können. Das heißt, dass alle Materialien, die hier eingelagert worden sind, auch gleich verwendet werden. Aus dem Lager hinaus, gehen zuerst die Granulate und danach die zugekauften Teile.

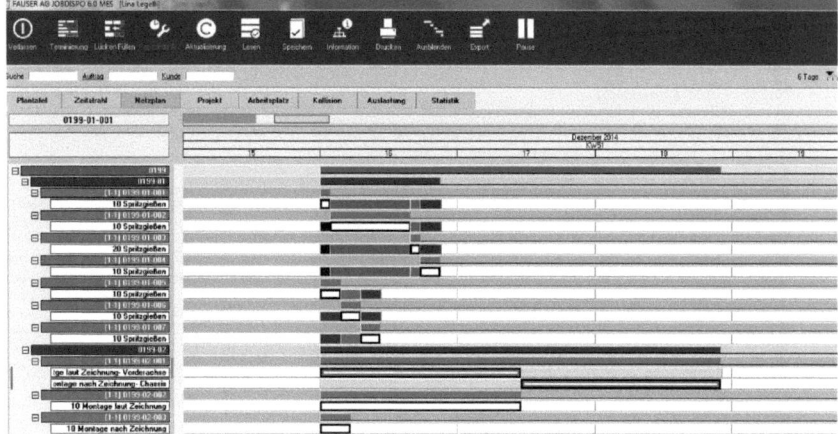

MES- Netzplan

Nach dem alle zur Fertigung benötigten Materialien im Lager eingetroffen sind, kann die Produktion eingeplant werden.

Durch das Einlasten des Fertigungsauftrags wurden nicht nur Bestellvorschläge generiert, sondern auch alle fertigungstechnischen Informationen an das MES – Modul von JobDispo übermittelt. Mit Hilfe dieser Informationen wird der Maschinenbelegungsplan erstellt und die benötigten Arbeitsplatzkapazitäten in der Fertigung eingeplant.

Aus dem Netzplan ist der projektbezogene zeitliche Ablauf ersichtlich. Eventuelle Überschneidungen von Arbeitsgängen oder eine falsche Ablaufreihenfolge im Gesamtprozess kann hier durch den Fertigungsplaner bereinigt werden.

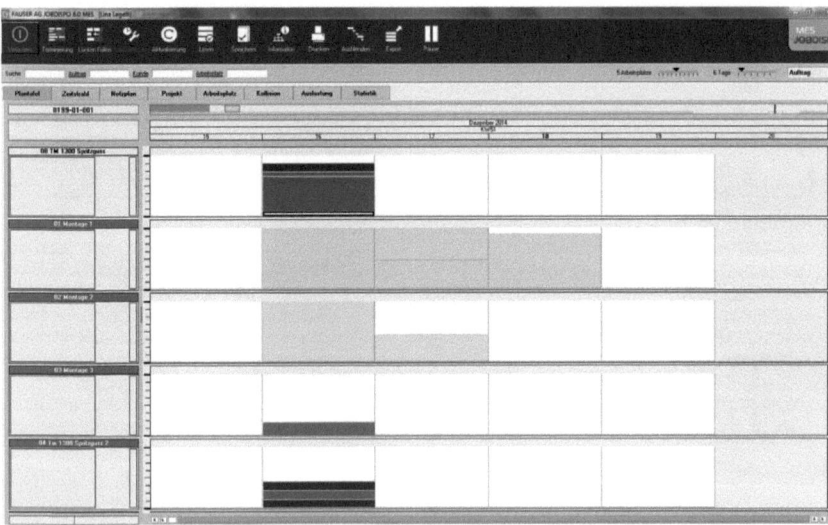

MES

Diese beiden Bilder zeigen die Pläne für die Montage. Hier geht es darum, die Maschinen sinnvoll auszulasten und die Produktion natürlich auch schnell zu erledigen, dass Ressourcen gespart werden köönnen. Aus der Plantafel ist die aktuelle Auslastung der einzelnen Maschinen und Arbeitsplätze ersichtlich. Diese ist nicht projektbezogen sondern bezieht sich auf die komplette Fertigung. Freie Ressourcen oder Kapazitätsengpässe können somit aus der Plantafel ausgelesen werden.

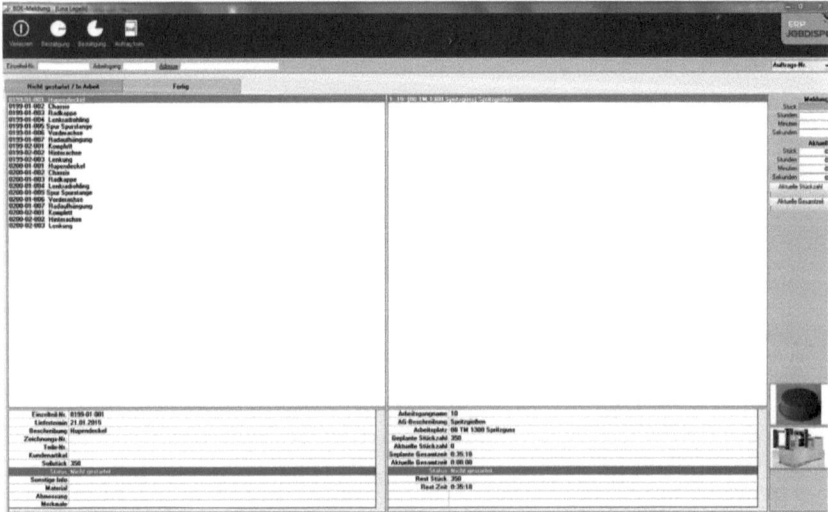

Wenn die Materialien bestellt worden sind, der Lagereingang und –ausgang problemlos funktioniert haben und dann die Produktion effizient geplant worden ist, dann können alle

Fertigungsschritte per BDE Meldung zurück gemeldet werden. Da Firma Berger schon eine Ahnung hat, was sie machen, werden nur komplett fertige Projektteile zurückgemeldet. In dem man auf die Schaltfläche: Auftrag komplett zurück melden" klickt. Jeder Auftrag wird einzeln zurück gemeldet. Der zeitliche Ablauf ist in der Produktion eingeplant und die benötigten Materialien liegen an den jeweiligen Arbeitsplätzen bzw. Maschinen bereit. Nun kann mit der tatsächlichen Produktion begonnen werden.

Ist ein Arbeitsvorgang beendet, so wird dieser vom jeweiligen Mitarbeiter fertiggemeldet. Dies geschieht über eine BDE Meldung. Hierfür wird auf der Startoberfläche im ERP Module der Reiter „BDE Meldung" angewählt. Es öffnet sich der gewünschte Funktionsbereich in einem neuen Fenster

Projektarbeitsplan

Druckdatum
22.12.2014

Beschreibung:	Bobby Car	Stück:	350
Teile-Nr.:		Kundenartikel:	
Kommis.-Nr.:		Sonstige Info:	

Beschreibung:	Montage	Stück	350
Zeichnungs-Nr:		Abmessung:	
Teile-Nr		Kundenartikel:	
Kommis.-Nr.:		Sonstige Info:	

| Auftrags-Nr.: | 0199-02-003 | **350** Stück | Termin **21.01.2015** |
| Kunde: | | | |

Beschreibung:	Lenkung		
Zeichnungs Nr.:		Merkmale:	
Werkstoff:		Abmessung:	
Material-Nr.:		Kundenartikel:	
Kommis.-Nr.:		Sonstige Info:	

Artikel-Nr.	Bezeichnung	Länge (mm)	Menge	Bestell-Datum
114	Lenkrad weiß	0	50 Stück	15.12.2014
513	Lenkradmutter	0	50 Stück	15.12.2014
Info Artikel	Lenkrad			
111	Hupe	0	50 Stück	15.12.2014
112	Hupendeckel	0	50 Stück	15.12.2014
113	Hupenring	0	50 Stück	15.12.2014
516	Kunststoffscheibe dünn	0	50 Stück	15.12.2014
Info Artikel	Lenkrad			
515	Kunststoffscheibe dick	0	50 Stück	15.12.2014
Info Artikel	Lenkrad			
514	Beilackscheibe	0	50 Stück	15.12.2014
Info Artikel	Lenkrad			
512	Schraube M4	0	50 Stück	15.12.2014
Info Artikel	Lenkrad			

AG 10	Arbeitsplatz 03 Montage 3	Tr Soll (m) 0,7	Te Soll (m) 0,3	Laufzeit 1,76 Std.
	Montage nach Zeichnung	Datum	Istmenge	Unterschrift

Ist das ganze Projekt fertig, kann man sich von dem System einen Projektarbeitsplan ausgeben lassen, der dem Arbeiter genau sagt, was zum Beispiel an dem Montage Arbeitsplatz Nummer drei getan werden muss. Sehr interessant sind die Zeiten, wie lange dieser Auftrag dauern soll. Dieser Plan kann für jeden beliebigen Arbeitsplatz ausgedruckt bzw. angezeigt werden.

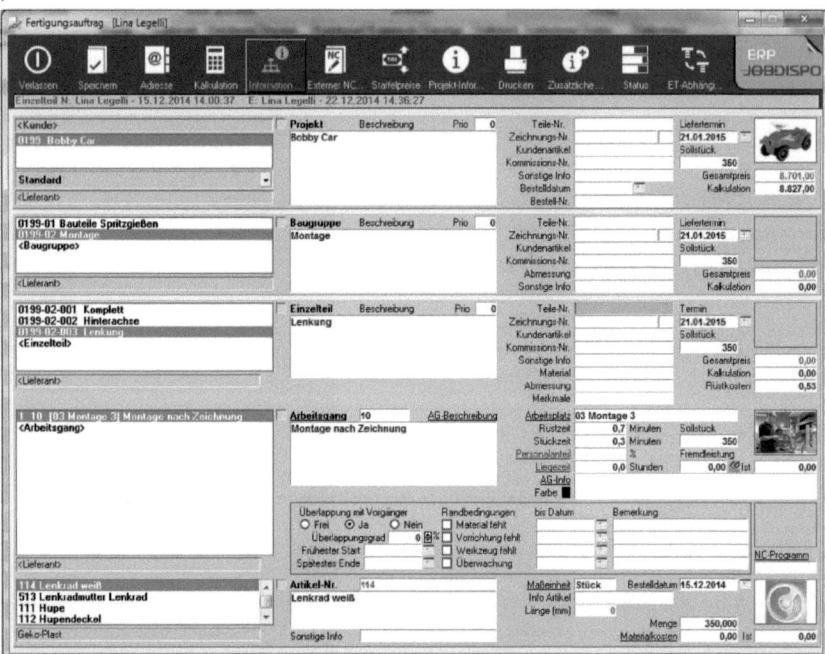

Hier ist noch einmal die Ansicht zu sehen, wo das Projekt fertig ist, was man an den grünen Kästchen erkennen kann.

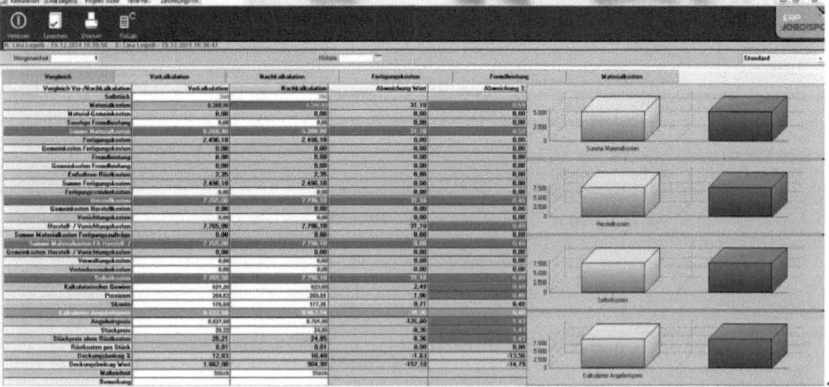

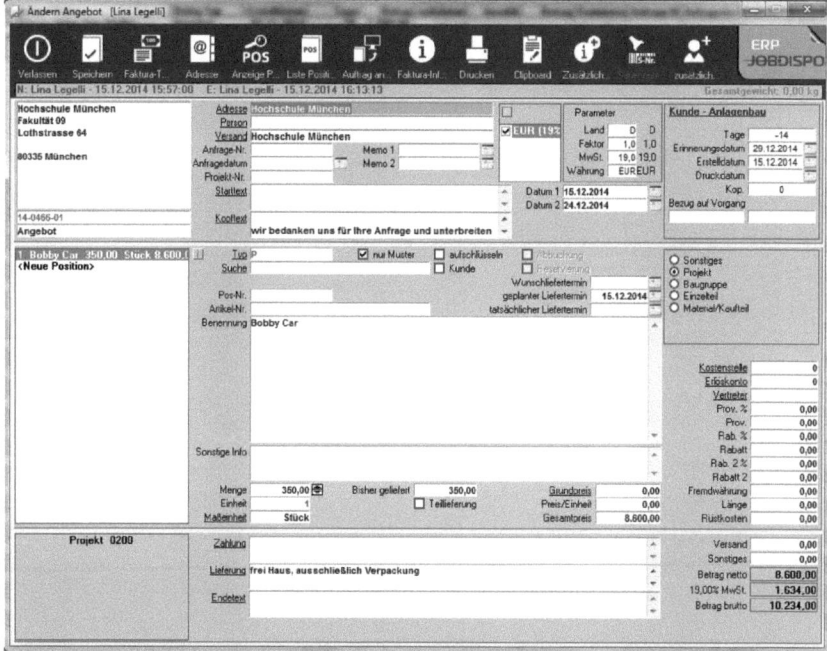

Nach dem der Firma Berger die Anfrage der Hochschule München erhalten hat, erstellt dieser das passende Angebot mit den angefragten Mengeneinheiten in Höhe von 50, 100 bzw. 350 Stück.

Die Angebotserstellung erfolgt im Funktionsbereich „Faktura", der über die Startoberfläche zu erreichen ist.

Über die „Neuanlage" öffnet sich die gewünschte Eingabemaske.

Der Kunde, Hochschule München, ist bereits im Kundenstamm der Muster GmbH abgebildet, somit erfolgt die Adresseingabe durch einen Doppelklick und Auswahl aus dem Kundenstamm.

Über den Reiter „<Neue Position>" werden die angefragten Positionen hintereinander angelegt.

Da es sich hier um ein Projekt handelt wird der „Typ" mit einem „P" bezeichnet. Ist die Artikelnummer gerade nicht vorhanden, kann mit Hilfe der „Suche" das richtige Projekt ausgewählt werden. Zudem erfolgt hier die Eingabe der Bestellmenge.

Eingabe des Wunschliefertermins und dem geplanten Liefertermin.

Angabe zu Zahlungs- und Lieferbedingungen.

Sind alle angefragten Positionen im Angebot hinterlegt und gespeichert, kann dies üüber die Funktion „Drucken" entweder in Papierform ausgedruckt werden oder direkt als PDF in einer E-Mail versendet werden.

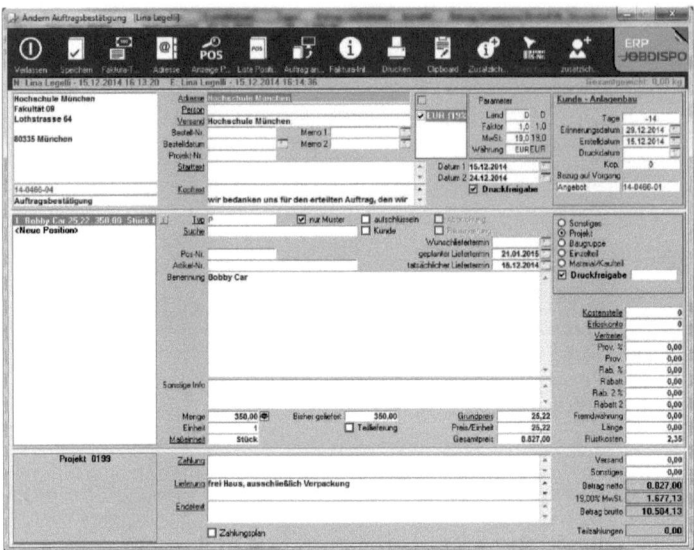

Hochschule München
Fakultät 09
Lothstrasse 64

80335 München

Datum:
Sachbearbeiter: Lina Legelli
Angebots-Nr.:   14-0466-01

Auftragsbestätigung-Nr.: 14-0466-04

Seite   1 von 1

Sehr geehrte Damen und Herren,

wir bedanken uns für den erteilten Auftrag, den wir Ihnen auf Grundlage unserer, Ihnen bekannten
Zahlungs- und Lieferbedingungen wie folgt bestätigen:

Pos	Menge Einheit	Bezeichnung Artikel-Nr.	Grundpreis Rabatt Einzelpreis	Pro/E	Gesamtpreis
1	350 Stück	Bobby Car	25,22 EUR	1	8.827,00 EUR
		Liefertermin: 21.01.2015			

Lieferbedingung: frei Haus, ausschließlich Verpackung

Nettosumme	19,00 % MwSt	Gesamtbetrag
8.827,00 EUR	1.677,13 EUR	10.504,13 EUR

Internet :
e-Mail:

Produktionsplanungspraktikum- Lina Legelli

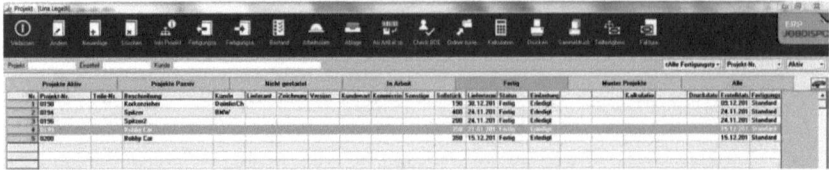

In diesem letzten Screenschot sieht man das Projekt unter dem Reiter „Fertige Projekte"

Projektende und Zusammenfassung

Mit Hilfe dieser Projektarbeit wurde der Aufbau und die Anwendungen eines PPS – System nochmal vertieft. Es wurden die notwendigen Arbeitsdokumente erstellt, die für einen operativen Betrieb notwendig sind.

Die Modellierung von Kapazitäten und Aufträgen in einem PPS – System, sowie die Terminierung der Fertigungsaufträge, hat das bereits vorhandene Wissen aus anderen Vorlesungen wie z.B. PML1 erneut aufgerufen und vertieft.

Die selbstständige Arbeit mit JobDispo gab einen sehr guten Überblick eines ERP – Systems und erleichterte das Verstehen der dahinter steckenden Logik. Desweitern wurde erkenntlich, dass diese Systeme aus dem täglichen Betrieb eines produzierenden Unternehmens nicht mehr weg zu denken sind. Alles in allem muss aber gesagt werden, dass dieses ERP- System der Fauser AG leider unausgereift ist und nicht im Geringsten intuitiv zu bedienen ist. Es ist sehr schade, dass es kleinere Unternehmen nicht schaffen ein annähernd gleich gutes System zu bekommen, wie die große Schwester.